LE DRAPEAU DU NATIONAL SACRÉ-CŒUR

LE
DRAPEAU NATIONAL
DU
SACRÉ-CŒUR

**(Rapport présenté au Congrès général de *LA CROIX*
à Paris, le 11 avril 1894)**

> « Le drapeau étant le symbole de l'âme
> nationale, tout pacte avec Dieu se conclut
> sur le drapeau... L'emblème au drapeau
> contient le signe divin du pacte. »
> *(Musée eucharistique
> de Paray-le-Monial.)*

LONS-LE-SAUNIER
IMPRIMERIE TYPOG. & LITHOG. DE *LA CROIX DU JURA*

1894

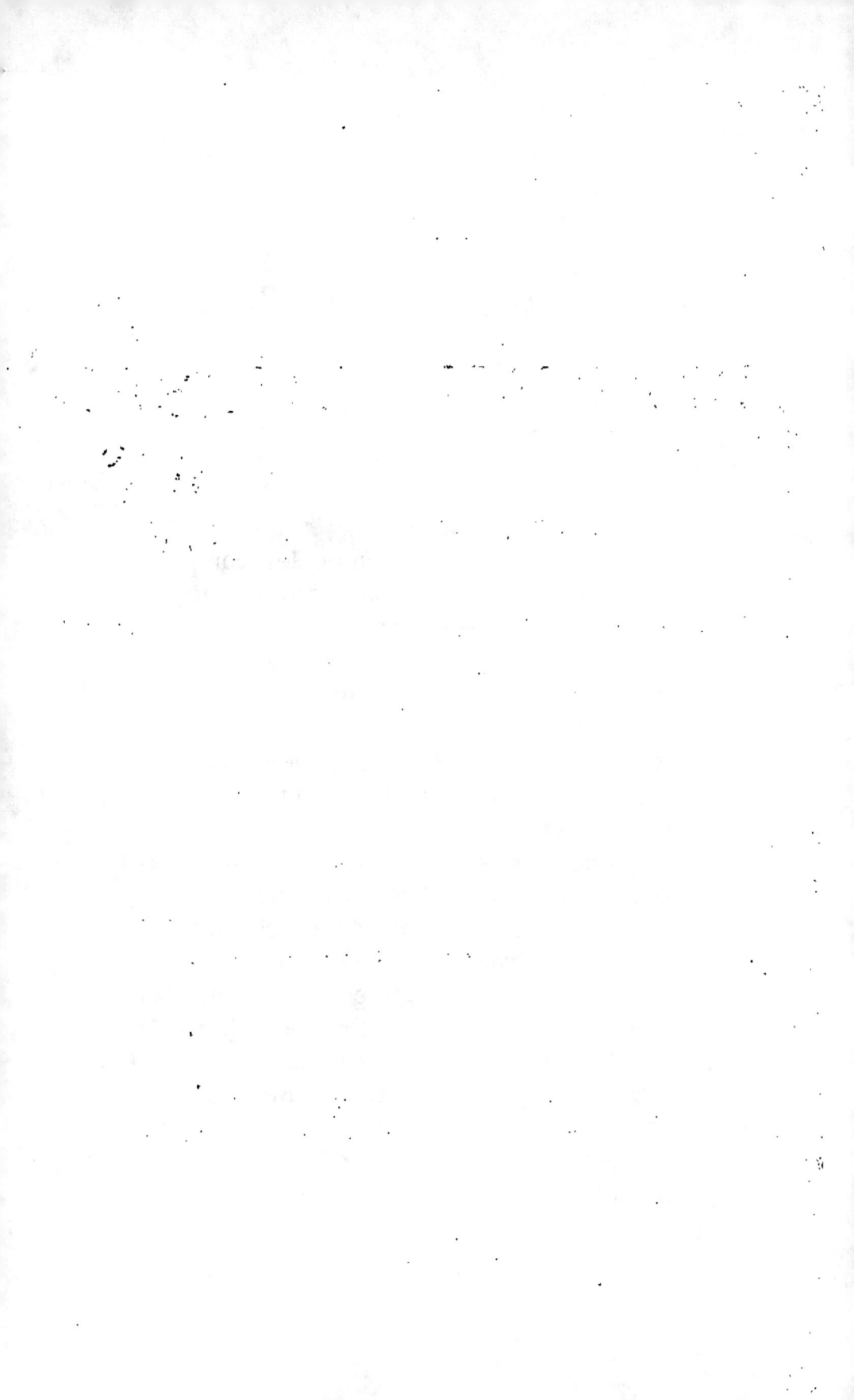

LE DRAPEAU NATIONAL

DU

SACRÉ-CŒUR

MESSIEURS,

Je voudrais vous raconter les conquêtes faites, depuis l'an dernier, par le drapeau national du Sacré-Cœur.

Et d'abord l'idée — la hardiesse selon les prudents — de peindre l'image du Cœur de Jésus dans les plis du drapeau français, conformément au désir expressément manifesté par le Sauveur, cette idée a été approuvée et bénie par le Pape.

J'appelle, Messieurs, votre attention sur ce fait : il a une importance capitale. Le Saint-Père avait précédemment béni et embrassé le drapeau tricolore ; mais le drapeau tricolore du Sacré-Cœur, le drapeau que Notre-Seigneur a demandé à la France « **pour la rendre,** » ce sont les paroles mêmes de Jésus-Christ, « **victorieuse de tous ses ennemis et triomphante de tous les ennemis de la sainte Eglise,** » ce drapeau n'avait point encore été présenté à Léon XIII.

J'emprunte à *La Croix du Jura* le récit de cette présentation :

C'est le mardi 18 avril 1893 — date inoubliable — que les délégués des Œuvres françaises furent reçus en audience solennelle par Léon XIII.

Au cours de cette audience, à laquelle n'assistaient que des Français, le Pape nous accueillit moins en Souverain qu'en Père, et nous ouvrant son cœur, il fit éclater la tendresse infinie que ce cœur très grand et très noble ressent pour la plus noble et la plus grande des nations.

Suivent les paroles du Saint-Père répondant à l'adresse du T. R. P. Picard, et ce « **Oui Nous aimons la France !** » où Léon XIII mit toute son âme et toutes les vibrations de sa voix, et qui nous arracha des larmes et des acclamations.

Le journal continue :

Tout proche du trône pontifical, émergeant au-dessus des flots pressés de la foule et des bannières des Œuvres, le drapeau français flottait !

Celui qui le portait — avec quelle indicible fierté ! — l'élevait très haut afin qu'il présidât à ce magnifique spectacle de la France des

Œuvres aux pieds de Léon XIII, et que les yeux du Pontife pussent à loisir se reposer sur les couleurs d'une nation qui possède ses secrètes prédilections.

Les regards des pèlerins s'attachaient aussi à l'étendard tricolore avec une patriotique avidité. Notre séjour à Rome coïncidant avec le voyage de l'empereur d'Allemagne, nous étions depuis trois jours péniblement impressionnés par la vue du sombre drapeau allemand qui, arboré aux façades des maisons romaines, nous rappelait douloureusement l'invasion de 1870 et les deuils de la patrie.

Noble étendard aux trois couleurs ! saintes oriflammes qui, réunies en seul trophée, nous rappelez, en même temps que la foi de nos rois très chrétiens, lieutenants du Christ, la protection de Saint Martin et de Saint Denis, pères de la nation française, et les gestes de l'héroïque Pucelle (*)! ò drapeau de

---

(*) LES TROIS ÉTENDARDS DE LA FRANCE
(HISTOIRE DU DRAPEAU TRICOLORE)

Le premier a été la bannière des rois de la première race. Nos ancêtres, régénérés par l'eau sainte du Baptême, n'allaient au combat que sous la protection des Saints, dont ils portaient les reliques devant eux. Or, la plus célèbre de ces reliques a été la chape de Saint Martin. Cette chape était de couleur *bleue*. Pour en perpétuer la mémoire, on

la patrie ! il faut t'avoir salué sur une terre
étrangère pour comprendre qu'en toi vit
l'âme de la France, lorsque, surtout, dans tes
plis palpite le Cœur du Christ !...

*Le Saint-Père avait remarqué notre dra-
peau, autour duquel dix prêtres du diocèse de*

---

fit un étendard bleu fleurdelisé, qui ne tomba en désuétude
qu'après Louis XIV.

Le deuxième étendard de la France fut l'oriflamme *rouge*
de Saint Denis, que les rois de France, devenus suzerains
de Saint-Denis, portèrent à côté de la bannière bleue.
« Cette enseigne, dit du Cange, a toujours passé pour la
principale de nos armées. »

Le troisième étendard est celui, peut-être, dont l'origine
est la plus méconnue. Tous les historiens dont la plume n'a
pas été égarée par l'esprit voltairien, ont laissé la gloire de
ce drapeau à Jeanne d'Arc. Seule, Jeanne d'Arc a mérité
d'attacher son nom à cette bannière sainte, vrai présent
du Ciel. Gabourd, avec tous les historiens catholiques, nous
apprend qu'avant d'aller faire lever le siège d'Orléans,
« Jeanne fit confectionner un étendard de couleur blanche,
semé de fleurs de lis, sur lequel était figuré le Sauveur dans
sa gloire, et qui portait pour toute inscription : *Jesus, Ma-
ria !* » — Appeler le drapeau blanc « le drapeau de Jeanne
d'Arc », c'est faire connaître d'un seul mot son origine et sa
noblesse.

Le drapeau tricolore est donc bien le drapeau des tradi-
tions catholiques de notre chère France et le symbole de
ses gloires les plus pures. Pour fournir à nos enfants le
livre élémentaire de notre histoire, nous n'avons qu'à
déployer devant eux le drapeau tricolore. Ils y liront, sur le
bleu : Saint Martin, patron et fondateur de la France ; sur
le rouge : Saint Denis, patron et protecteur de la France ;
sur le blanc : Jeanne d'Arc, patronne et libératrice de la
France !...

Saint-Claude formaient un cortège d'honneur.
Et quand, parcourant les rangs des pèlerins,
le Pape passa devant moi, il s'arrêta. Le R. P.
Bailly qui l'accompagnait me présenta.

Le Saint-Père me dit avec une satisfaction
visible et une inexprimable bonté :

— Vous n'êtes pas seulement journaliste
chrétien, mais encore le porte-drapeau français ?

— Oui, Très-Saint-Père, je porte le drapeau
français avec l'image du Sacré-Cœur peinte
dans ses plis, comme le Christ Sauveur l'a
demandé à la France.

Le visage de Léon XIII s'épanouit tout-à-
fait :

— Le Sacré-Cœur !... la France !... mur-
mura-t-il. Puis il leva les yeux au Ciel comme
s'il adressait à Dieu une fervente prière...

— Très-Saint-Père, je dépose humblement
aux pieds de Votre Sainteté l'hommage des Croix
des diocèses de Saint-Claude, Lyon, Nevers,
Périgueux, Auch et Montpellier que je suis
chargé de représenter ici. Et je Vous demande,
en leur nom et au mien, de bénir ce drapeau
français du Sacré-Cœur, ainsi que nos efforts
pour procurer l'accomplissement des désirs
exprimés et des promesses faites à la France
par Jésus-Christ.

Le Souverain Pontife était radieux :

— Oh! de tout mon cœur... Et il répéta :
**Oui, j'accorde cette bénédiction de
tout mon cœur.**

*Et sa main se posa avec force sur le drapeau,
lui communiquant une consécration suprême...*

*Après l'audience, les salles immenses, les
cours et les jardins du Vatican furent, sur
l'ordre du Pape, ouverts aux pèlerins français.
Le drapeau du Sacré-Cœur fut promené partout, afin que tout le Vatican le vît pour le
reconnaître plus tard, quand il abritera sous
ses plis sacrés la royauté triomphante du
Vicaire de Jésus-Christ délivré.*

*Et cette joie nous fut donnée, de voir le
drapeau français du Sacré-Cœur salué avec
respect par la garde pontificale, fêté et suivi,
au milieu de l'allégresse universelle, par les
pèlerins français.*

Messieurs, en même temps que le drapeau
que j'avais l'insigne honneur de porter, deux
autres avaient été présentés au Saint-Père et
bénis par lui. L'un a été porté à Jérusalem
par M. Frédéric Martin, de Draguignan ; un
autre a été offert à la Basilique de Montmartre.; le troisième préside à nos séances et
attire sur nos travaux mille bénédictions.

Déjà le drapeau national du Sacré-Cœur a
été arboré dans nombre de nos congrès

régionaux. Le P. Adéodat, qui dirige avec son tact toujours si sûr ces importantes réunions départementales, salue joyeusement, quand ses yeux le rencontrent, l'étendard victorieux. M. l'abbé Garnier l'a fait connaître à toute la France ; et je crois savoir que son Eminence le Cardinal Langénieux et M. Harmel se proposent de lui donner prochainement une popularité et une extension considérables.

Il flotte aux processions et dans les églises. Dans certaines villes, on en pavoise les maisons. La *Chronique des Comités du Sud-Est* a sa chronique du drapeau, comme les journaux du boulevard ont leur courrier des théâtres.

Fait extraordinaire et bien consolant à constater : partout où il est arboré, le drapeau national du Sacré-Cœur suscite parmi le peuple joie et enthousiasme. Chaque tentative est une victoire.

Voilà, Messieurs, des victoires que les Suppléments et les Comités de *La Croix* doivent s'efforcer de remporter souvent pour l'amour du Christ et de la France. Nous aurons beau faire : **nous ne sauverons notre pays**, c'est-à-dire nous ne le rendrons à Jésus-Christ qui l'aime, **qu'en employant les moyens indiqués par Jésus-Christ.**

J'affirmais en commençant que le drapeau tricolore, faisceau de nos trois étendards nationaux, était le drapeau des rois et le drapeau des Saints ; voilà son origine, voilà pour le passé. Qu'il soit, pour le présent, le drapeau des Suppléments et des Comités de *La Croix*, qu'il soit **notre** drapeau que nous soyons fermement résolus à faire connaitre et adopter autour de nous ; afin qu'il devienne, dans un avenir prochain, le drapeau de la Démocratie chrétienne à qui Jésus-Christ veut confier la mission d'amour que les rois n'ont pas su, ou pas pu, ou pas voulu accepter.

Drapeau de l'avenir, le drapeau national du Sacré-Cœur est encore le **drapeau de l'union,** de l'union de tous les Français, puisque, par les souvenirs qu'il rappelle ou par les espérances qui resplendissent dans les rayons du Cœur de Jésus, à tous il est cher.

Nos amis de Saône-et-Loire préparent pour l'année prochaine un congrès régional qui tiendra ses assises à Paray-le-Monial, la ville sainte. Dans deux ans, la France célébrera le quatorzième centenaire de son baptême. Eh bien ! à Paray-le-Monial en 1895, et à Montmartre en 1896, il faut que chaque diocèse de France soit représenté, et que chaque

Supplément et que chaque Comité de *La Croix* envoient un délégué. Il faut que, au nom de la France, nous allions dire à Jésus-Christ, dans la chapelle des Révélations et dans la basilique de la Consécration nationale :

— Seigneur Jésus! Vous avez demandé à la France de peindre l'image de votre Cœur dans ses étendards : votre désir est réalisé. A votre tour, ô Christ ami des Francs! d'accomplir vos promesses!...

Cet acte de foi et de patriotisme, j'ose le demander au nom de Jeanne d'Arc. Ah! si Jeanne d'Arc était venue après Marguerite-Marie, si Jeanne d'Arc vivait de nos jours, sans aucun doute elle ferait sien cet étendard, plus précieux encore que sa bannière.

Car la bannière de Jeanne d'Arc ne portait que le **Nom**, et notre drapeau à nous porte le **Cœur de Jésus-Christ!...**

ALPHONSE LORAIN,
Directeur de *La Croix du Jura.*

Lons-le-Saunier, imprimerie et lithographie A. LORAIN.

125

POUR SE PROCURER

LE DRAPEAU NATIONAL

DU

SACRÉ-CŒUR

(Modèle béni par Léon XIII)

S'adresser à **M. Léon VERT**, 15, place de la Liberté, à Lons-le-Saunier (Jura).

M. Léon VERT, membre du Comité de *La Croix du Jura*, peut fournir quatre modèles différents du *Drapeau national du Sacré-Cœur*.

1° Le drapeau en soie riche, mesurant 1 m. 20 sur 1 m. 80, longues franges d'or, cravate, hampe et lance, **80 fr.**

2° Le drapeau en soie ordinaire, mesurant 1 m. 20 sur 1 m. 65, franges d'or, cravate, hampe et lance, **65 fr.**

(Ces deux modèles sont confectionnés par les Carmélites de Lons-le-Saunier, à qui est réservée également la peinture du Sacré-Cœur au centre de la bande blanche).

3° Le drapeau de toile, grand modèle, 1 m. 20 sur 1 m. 50, **3 fr. 50.**

4° Le drapeau de toile, petit modèle, 0 m. 80 sur 1 m. 20, **2 fr.**

(Dans ces deux modèles, le Sacré-Cœur est imprimé).

Nota. — Le port est à la charge du destinataire.

www.ingramcontent.com/pod-product-compliance
Lightning Source LLC
Chambersburg PA
CBHW060726280326
41933CB00013B/2568